Die homöopathische Hausapotheke

H. J. Winckelmann

Ratgeber Homotoxikologie

Die homöopathische Hausapotheke

H. J. Winckelmann

Ratgeber Homotoxikologie

Aurelia-Verlag Baden-Baden

Prof. Dr. Dr. Hans-Joachim Winckelmann
Hauptstraße 14
D-89257 Illertissen

Die Deutsche Bibliothek – CIP-Einheitsaufnahme

Winckelmann, Hans-Joachim:
Die homöopathische Hausapotheke / H. J. Winckelmann.
– 1. Aufl. – Baden-Baden : Aurelia-Verl., 1996
(Ratgeber Homotoxikologie)
ISBN 3-922907-50-4

Postfach 1 15, D-76481 Baden-Baden
Dr.-Reckeweg-Straße 2-4, D-76532 Baden-Baden
Satz und Druck: Ganz GmbH Drucktechniken, Baden-Baden
Printed in Germany

1. Auflage 1996
ISBN 3-922907-50-4
Art.No. 7000 2300

▸ Vorwort

Medizin soll nicht „Symptomenübertünchung und erniedrigender Rezepthandel" sein, forderte vor 200 Jahren der Begründer der Homöopathie, Samuel Hahnemann. Medizin soll Hilfe zur Selbstheilung sein. Dieser Satz hat auch heute nicht an Aktualität verloren.

Um die homöopathische Therapie zu verstehen, muß man sich zunächst einmal klar machen, daß es sich hierbei um eine individuelle ganzheitliche Heilmethode handelt, die besonderen Wert auf körperliche und psychische Eigenschaften des Kranken legt, auf seinen persönlichen Lebenslauf, seine Konstitution und sein Verhalten zur Umwelt. Die wirklich sichere Auswahl des richtigen Arzneimittels wird erst mit der Erfasssung von sogenannten „vollständigen Symptomen" möglich. Darunter versteht man die Einbettung der Krankheitssymptome in Angaben darüber, weshalb und wo diese aufgetreten sind bzw. wodurch und wann sie sich verstärken oder abschwächen. Das Ziel ist es dann, für dieses individuelle Krankheitsbild ein spiegelbildlich entsprechendes Arzneimittel zu finden.

Die Antihomotoxika nach Reckeweg, homöopathische Kombinationspräparate, entsprechen dieser Anforderung. Sie regen die körpereigenen Abwehrkräfte an, die Schadstoffe (Homotoxine) zu neutralisieren und auszuscheiden. Immer mehr Patienten bevorzugen dieses Heilverfahren, das die Selbstheilungskräfte aktiviert und das innere Gleichgewicht stabilisiert. Damit steigt der Informations- und Beratungsbedarf.

Mit der homöopathischen Hausapotheke - dem Ratgeber Homotoxikologie - greift der Aurelia-Verlag die Gedanken Dr. Reckewegs auf und stellt einen Leitfaden für Interessierte vor, der praktische Anleitungen für Selbstbehandlung von Beschwerden gibt. Gedacht ist das Buch für alle, die einen einfachen aber fundierten Zugang zu diesem Heilverfahren suchen. Selbstver-

ständlich kann dieses Buch den Therapeuten nicht ersetzen. Es versucht aber - in Kapitel 1 -, die Grundregeln der Selbstbehandlung zu definieren, und gibt in Kapitel 2 Hinweise zur häuslichen Behandlung alltäglicher Beschwerden. In Kapitel 3 werden dem Leser in alphabetischer Reihenfolge zusätzliche Produktinformationen zu den in Kapitel 2 bei den einzelnen Beschwerden empfohlenen Präparaten an die Hand gegeben.
Eigene Erfahrungen und Anregungen sind stets willkommen.

Prof. Dr. Dr. Hans Joachim Winckelmann

► Inhaltsverzeichnis

1 Einleitung

▶ 1.1 Hippokrates als Vorreiter des ganzheitsmedizinischen Konzeptes

„Es ist immer der ganze Mensch, der behandelt werden muß.“

Diese grundlegende Erkenntnis stammt von Hippokrates, dem bedeutenden griechischen Arzt des Altertums (460 - 377 v. Chr.). Heute nach rund zweieinhalb Jahrtausenden gilt sie als eine der wichtigsten Grundvoraussetzungen der antihomotoxischen Medizin. Auch der hippokratische Krankheitsbegriff hat bis heute nicht an Aktualität eingebüßt. Für Hippokrates ist Krankheit Ausdruck eines Abwehrkampfes gegen äußere und innere Schadstoffe (Homotoxine).

„Die Dosis macht das Gift“. Dieser Ausspruch stammt von dem Arzt und Naturforscher Theophrastus Bombastus von Hohenheim (1493 - 1541), der sich Paracelsus nannte. Paracelsus betrachtete die traditionellen Bücher (Aristoteles, Galen, Avicenna) als größtes Hindernis - Hippokrates galt ihm als einzige achtbare Autorität der Vergangenheit - für den medizinischen Fortschritt. Die Bücher sollten beiseitegelegt werden und der neue Arzt zum „Buch der Natur“ zurückkehren. „Darum wisset, daß ein Arzt vor allem wissen soll, wo die Natur hinaus will. Denn sie ist der erste Arzt, der Mensch ist der zweite. Wo nun die Natur anfängt, da soll der Arzt helfen, daß sie an diesem Ort hinausgehe. Die Natur ist ein besserer Arzt als der Mensch“. Die Stimulation der Selbstheilungskräfte des Menschen ist daher laut Paracelsus die oberste Aufgabe des Arztes. Die Paracelsus-These „Die Dosis macht das Gift“ wurde rund 250 Jahre später von Samuel Hahnemann aufgegriffen.

▶ 1.2 Die Homöopathie Samuel Hahnemanns

„Ähnliches soll mit Ähnlichem geheilt werden". Dieser Ausspruch Samuel Hahnemanns (1755 - 1843) beschreibt das Grundprinzip der von ihm entwickelten Homöopathie. Hahnemann war der erste Arzt, der die Wirkung von Arzneistoffen und Giften an sich selbst testete und dabei ein neues Therapieprinzip entdeckte. Dieses Therapieprinzip ging noch weit über die These von Paracelsus, „Die Dosis macht das Gift," hinaus. Bei seinen Selbstversuchen stellte Hahnemann fest, daß Gifte beim gesunden Menschen bestimmte Krankheitssymptome erzeugen. Kleine Dosen der gleichen Substanz (homöopathisch aufbereitet) konnten jedoch Kranke von genau diesen Beschwerden heilen. Ähnlich wie bei einer Schutzimpfung regt die Behandlung mit homöopathisch aufbereiteten Arzneistoffen die körpereigenen Abwehrkräfte an und stimuliert das Immunsystem.

▶ 1.3 Die antihomotoxische Medizin Dr. H.-H. Reckewegs

Der Arzt Dr. Hans-Heinrich Reckeweg hat in den fünfziger Jahren, aufbauend auf dem hippokratischen Krankheitsbegriff und den Grundsätzen der Homöopathie, die antihomotoxische Medizin[1] entwickelt.

Dr. Reckeweg ging davon aus, daß jeder Mensch ein sog. Fließsystem darstellt, das sich im Gleichgewicht befindet. Stoffe (auch Schadstoffe) werden vom Körper aufgenommen, verstoffwechselt und wieder ausgeschieden. Dieses Gleichgewicht ist gestört, wenn zu viele Schadstoffe (Homotoxine) den Körper überschwemmen, oder der Körper aufgrund einer Stoffwechselstörung Schadstoffe nicht ausscheiden kann. Die körpereigenen Abwehrkräfte können dann diese Homotoxine nicht mehr neutralisieren. Der Organismus signalisiert diese Homotoxinbelastung über Befindlichkeitsstörungen bis hin zu ernsthaften Erkrankungen. In

[1] *Krankheitslehre, bei der die Krankheit durch Anwesenheit von Giften (Homotoxinen) im Körper ausgelöst, unterhalten oder verstärkt wird. Zur Giftabwehr oder Giftaussscheidung werden Antihomotoxika eingesetzt.*

der antihomotoxischen Medizin wird darum ein Medikament ausgewählt, das die Abwehrmechanismen des Körpers stimuliert. Die belastenden Schadstoffe werden neutralisiert und ausgeschieden und so das natürliche Gleichgewicht wieder hergestellt.

Die antihomotoxische Medizin setzt dazu in erster Linie homöopathische Kombinationspräparate (auch Antihomotoxika genannt) ein. Sie enthalten eine Kombination aus homöopathisch aufbereiteten, überwiegend pflanzlichen Wirkstoffen. Diese Inhaltsstoffe greifen auf verschiedenen Ebenen in das Krankheitsgeschehen ein und mobilisieren die körpereigenen Abwehrkräfte. Antihomotoxika sind also nach dem Prinzip „Hilfe zur Selbsthilfe" konzipiert.

Abb. 1
Dr. Hans-Heinrich Reckeweg

▶ 1.4 Antihomotoxische Medizin - die Verbindung zwischen Schulmedizin und Homöopathie

Die von Dr. Reckeweg entwickelten Antihomotoxika können - wie in der Schulmedizin - nach Anwendungsgebieten eingesetzt werden. Die mitunter zeitaufwendige Suche (repertorisieren) nach dem krankheitsspezifischen und individuell benötigten Arzneistoff, wie sie von Hahnemann vertreten wurde, entfällt damit.

Die antihomotoxische Medizin ist heute eine weitverbreitete Therapieform und wird teilweise im Rahmen naturheilkundlicher Verfahren an einigen Universitäten gelehrt.

▶ 1.5 Welche Krankheiten können mit Antihomotoxika behandelt werden?

Einer der Schwerpunkte der antihomotoxischen Medizin sind chronische und degenerative Erkrankungen (Verschleißerkrankungen). Hierzu gehören u.a. Rheuma, Schwindel, Erkrankungen durch Umwelteinflüsse. Auch akute Erkrankungen wie z.B. Erkältungskrankheiten, grippale Infekte und Sportverletzungen lassen sich sehr gut antihomotoxisch behandeln.

▶ 1.6 Wie wirken Antihomotoxika?

Antihomotoxika aktivieren körpereigene Abwehrkräfte und verbessern die Körperfunktionen. In der Regel bedarf es einer gewissen Anlaufzeit, bis die körpereigenen Regulationsmechanismen auf die fein dosierten Reize der homöopathisch aufbereiteten Wirkstoffe ansprechen und eine deutlich spürbare Wirkung eintritt. Darum sollten Sie nicht gleich nach der ersten Einnahme eines Präparates eine Besserung Ihrer Beschwerden erwarten.

Medikamente anderer Therapierichtungen können dagegen Krankheitssymptome unterdrücken und Abwehrmechanismen blockieren. Fieber, Erbrechen und Durchfall können jedoch Ausdruck einer natürlichen Abwehrreaktion sein. Blockierende Maßnahmen können den Genesungsprozeß negativ beeinflussen. Darum sollten Krankheitssymptome, z.B. bei Infektionskrankheiten, nicht unterdrückt werden.

▶ 1.7 Hat die antihomotoxische Therapie Nebenwirkungen?

Auch die antihomotoxische Therapie kann - wie die Therapie mit homöopathischen Einzelmitteln - Nebenwirkungen hervorrufen. In der Regel treten unerwünschte Wirkungen jedoch sehr selten auf, denn diese Therapie gilt als ausgesprochen risikoarm. Nebenwirkungen der antihomotoxischen Therapie dürfen nicht mit der homöopathischen Erstverschlimmerung verwechselt werden. Diese äußert sich als eine Verschlimmerung der Krankheitssymptome, wird aber als ein günstiges Zeichen für die Anregung der Reaktionslage des Körpers angesehen. Eine Herabsetzung der Dosierung läßt die Symptome der Erstverschlimmerung abklingen.

▶ 1.8 Gesunde Lebensführung als Baustein des ganzheitlichen Konzeptes

Schon für Hippokrates galt die folgende Gesundheitsregel als wichtigste überhaupt: „Eure Nahrungsmittel sollen Heilmittel sein und Eure Heilmittel sollen Nahrungsmittel sein“. Auch die Devise: „Du bist, was Du ißt“, verdeutlicht den Einfluß der Ernährung auf das Wohlbefinden bzw. auf die Gesundheit.

Informationen über gesunde Ernährung und Lebensführung erscheinen regelmäßig in Zeitungen und Magazinen. Und dennoch stehen Krankheiten, die in einem engen Zusammenhang mit Ernährungsgewohnheiten zu sehen sind, weiterhin an der Spitze der Erkrankungshäufigkeit (bspw. Herz- und Kreislauferkrankungen sowie Bluthochdruck).

Sich gesund zu ernähren, ist einfach. Verzichten Sie öfter mal auf Fleisch und essen Sie stattdessen Salat und Gemüse. Reduzieren Sie den Konsum von Zucker bzw. zuckerhaltiger Lebensmittel (wie z.B. Süßigkeiten, Kuchen usw.). Achten Sie darauf, viel zu trinken (Mineralwasser, Fruchtsäfte ohne Zucker und ungesüßten Tee). Denn nur bei einer ausreichenden Flüssigkeitszufuhr sind die Nieren in der Lage den Körper zu entgiften. Nikotin und Alkohol (hochprozentig) - Sie wissen es - sind Zellgifte und sollten deshalb vermieden werden. Sportliche Aktivitäten oder viel Bewegung unterstützen Ihr persönliches Fitnessprogramm.

2

Krankheitsbilder

A

▶ 2.1 Allergien wie z.B. Heuschnupfen

Die Symptomatik von Allergien ist größtenteils identisch. Niesen, Schnupfen, Juckreiz im Bereich von Augen und Nase, Atemnot, Kopfschmerzen und vieles mehr sind Ausdruck der auf den Organismus einwirkenden allergieauslösenden Stoffe (Allergene).

Grundsätzlich kann eine Allergie als eine Überreaktion des Körpers auf umweltübliche Stoffe verstanden werden. Dabei reagiert ein Allergiker einfach wesentlich stärker auf Kontakt und Eindringen von Fremdstoffen, als es das normale körpereigene Abwehrsystem vorsieht.

Medikamentöse Maßnahmen

Antihomotoxische Präparate wirken bei Heuschnupfen im Sinne eines Ausgleichs von Mißverhältnissen im Körper und stärken die körpereigene Abwehr. Basisstoff bei Heuschnupfen ist Luffa operculata (Schwammgurke). Darüber hinaus sind noch die Substanzen Galphimia glauca (Mexikanische Heilpflanze), Aralia racemosa (Amerikanische Narde), Lobelia inflata (Lobelienkraut), Histaminum (Histamin) und Sulfur (Schwefel) bei Heuschnupfen wirksam. Fragen Sie Ihren Therapeuten oder Apotheker nach dem Heuschnupfen-Duo von Heel. Der Hauptbestandteil Luffa ist sowohl in den Nasentropfen (Pumpdosierspray) als auch in den Tabletten enthalten.

► 2.2 Beinbeschwerden

Langes Stehen und Sitzen führt oft zu Blutstauungen in den Beinvenen und dadurch zur allmählichen Ausweitung der Venenwände. Eine angeborene Bindegewebsschwäche, Übergewicht und hormonelle Einflüsse begünstigen diese Entwicklung. Eine Venenschwäche führt bei vielen Menschen zu den typischen Beschwerden wie schmerzende, geschwollende Beine (Knöchel) sowie Kribbeln und Jucken der Haut.

Medikamentöse Maßnahmen
Homöopathische Kombinationspräparate wie Lymphomyosot[2] und Aesculus-Heel verbessern den Blutfluß und aktivieren den Abfluß von Gewebsflüssigkeit (Wasseransammlung in den Beinen).

Sonstige Maßnahmen
Viel Bewegung, der Abbau von Übergewicht und Wechselduschen halten die Venen elastisch und unterstützen die medikamentösen Maßnahmen.

Anwendungsgebiet	Präparat	Dosierung
Ödeme (Wasseransammlung z.B. in den Beinen)	Lymphomyosot Tropfen[2]	3mal tägl. 15-20 Tr.
Stauungen (z.B. in den Beinen)	Aesculus-Heel Tropfen	3mal tägl. 10 Tr.

[2] *Wichtiger Hinweis: Sinnvolle Alternativen zu Heel-Tropfen-Präparaten sind auch vergleichbare Heel-Tabletten-Präparate, siehe Seite 55*

► 2.3 Entschlackung

Den Preis für unseren Wohlstand bezahlen viele Menschen mit einem schlechten Gesundheitszustand. Die Schadstoffbelastung der Umwelt, übermäßiger Alkohol- und Nikotingenuß, Übergewicht, zu wenig Bewegung und eine unausgewogene Ernährung schwächen die Abwehrkräfte und fördern die Krankheitsbereitschaft.

Befindlichkeitsstörungen, Antriebsschwäche und Infektanfälligkeit können erste Anzeichen dafür sein. Eine Entschlackungskur mit homöopathischen Kombinationspräparaten kann den Körper von schädlichen Stoffen befreien und stellt das Wohlbefinden wieder her.

Medikamentöse Maßnahmen

Lymphomyosot fördert die Ausleitung von Schadstoffen und Wasseransammlungen aus dem Bindegwebe. Außerdem eignet sich Lymphomyosot hervorragend zur Entgiftung nach Amalgam-Entfernung aus den Zähnen. Galium-Heel aktiviert körpereigene Abwehrkräfte und stimuliert die Entgiftungsorgane wie Nieren und Leber.

Sonstige Maßnahmen

Während der Entschlackungskur sollten Sie möglichst viel trinken. Frauen sollten zwei Liter und Männer drei Liter Flüssigkeit (Mineralwasser) täglich zu sich nehmen.

Anwendungsgebiet	Präparat	Dosierung
Infektanfälligkeit	Lymphomyosot Tropfen[3]	3mal tgl. 15-20 Tr.
Aktivierung der unspezifischen Abwehr	Galium-Heel Tropfen	3mal tgl. 10 Tr.

[3] *Wichtiger Hinweis: Sinnvolle Alternativen zu Heel-Tropfen-Präparaten sind auch vergleichbare Heel-Tabletten-Präparate, siehe Seite 55*

▶ 2.4 Erkältungen und grippale Infekte

Eine Erkältung ist eine Erkrankung der oberen Luftwege, die etwa fünf bis zehn Tage andauern kann. Sie wird durch bestimmte Krankheitserreger - meist Viren - hervorgerufen.

Der grippale Infekt steht als Oberbegriff für fieberhafte Allgemeinerkrankungen unterschiedlicher Ursache. Er geht fast immer mit einer Beteiligung der oberen Luftwege einher, es können jedoch auch die unteren Atemwege betroffen sein. Auslöser sind wie bei der Erkältung meist Viren.

Die Anfälligkeit für Erkältungen und grippale Infekte wird vom Immunsystem bestimmt. Seine Funktion wiederum hängt nicht nur von der körperlichen Gesundheit ab, auch das seelische Wohlbefinden ist von Bedeutung. Wichtig ist es, das Immunsystem zu stärken, um sich vor Erkältungen und grippalen Infekten zu schützen.

Abb. 2
Bei Erkältungskrankheiten kommt es darauf an, die Abwehrkräfte zu stärken

Medikamentöse Maßnahmen
Bei Erkältungen und grippalen Infekten können unterschiedliche Antihomotoxika eingesetzt werden (Gripp-Heel, Euphorbium compositum-Nasentropfen S, Droperteel, Husteel, Phosphor-Homaccord, Angin-Heel S, Viburcol, Engystol N[4]). Sie helfen bei typischen Beschwerden wie Halsschmerzen, Schnupfen, Husten, Fieber und Gliederschmerzen und aktivieren körpereigene Abwehrkräfte.

Sonstige Maßnahmen
Zum Schutz vor immer wiederkehrenden Erkältungs- und Grippeattacken sollten Sie folgende Maßnahmen berücksichtigen:

- vitaminreiche Ernährung,
- Einschränkung des Nikotin- und Alkoholkonsums,
- Bewegung an der frischen Luft,
- Anregung des Kreislaufs durch Wechselbäder und Sauna,
- ausreichend Schlaf und
- Entspannungsübungen gegen Streß.

[4] *Wichtiger Hinweis: Sinnvolle Alternativen zu Heel-Ampullen-Präparaten sind auch vergleichbare Heel-Tabletten-Präparate, siehe Seite 50*

Anwendungsgebiet	Präparat	Dosierung
Husten	Husteel Tropfen	3mal tgl. 10 Tr.
Husten mit Schleimbildung	Droperteel Tabletten	3mal tgl. 1 Tbl. unter der Zunge zergehen lassen
Grippale Infekte	Gripp-Heel Tabletten	3mal tgl. 1 Tbl. unter der Zunge zergehen lassen
Schnupfen	Euphorbium compositum-Nasentropfen S	3-5mal tgl. 1-2 Sprühstöße in jedes Nasenloch
Halsschmerzen	Angin-Heel S Tabletten	3mal tgl. 1 Tbl. unter der Zunge zergehen lassen
Heiserkeit	Phosphor-Homaccord Tropfen	3mal tgl. 10 Tr. Tropfen
Fieber (bei Kindern)	Viburcol Zäpfchen	3-2mal tgl. 1 Zäpf.
Aktivierung von körpereigenen Abwehrkräften	Engystol N Ampullen[5]	

[5] *Wichtiger Hinweis: Sinnvolle Alternativen zu Heel-Ampullen-Präparaten sind auch vergleichbare Heel-Tabletten-Präparate, siehe Seite 50*

▶ 2.5 Funktionelle Blasenschwäche

Harninkontinenz ist der Fachausdruck für Blasenschwäche. Der unfreiwillige Urinabgang betrifft in erster Linie Frauen. Die Erkrankungsanfälligkeit steigt mit zunehmendem Alter.

Die Ursachen für eine Blasenschwäche sind sehr unterschiedlich. Erkältung, Entzündung, eine Reizblase, die Erschlaffung der Beckenbodenmuskulatur nach Geburten sowie seelische Belastungen können Harninkontinenz hervorrufen.

Eine Blasenschwäche, die aufgrund psychischer Belastungen besteht, bezeichnet man als funktionelle Blasenschwäche (nicht organisch bedingt). Sie kann gut mit homöopathischen Kombinationspräparaten therapiert werden.

Medikamentöse Therapie

Für die Therapie der funktionellen Blasenschwäche stehen die Antihomotoxika Berberis-Homaccord und Plantago-Homaccord zur Verfügung. Sie bessern Reizzustände der Blase und lindern nervöse Störungen.

Anwendungsgebiet	Präparat	Dosierung
Blasenschwäche (funktionelle)	Berberis-Homaccord Tropfen	3mal tgl. 10 Tr.
	Plantago-Homaccord Tropfen	3mal tgl. 10 Tr.

▶ 2.6 Funktionelle Herz- und Kreislaufbeschwerden

Funktionelle Herz- und Kreislaufbeschwerden sind rein seelisch bzw. nervlich bedingt. Man bezeichnet sie als funktionelle Störungen, weil Herz und Kreislauf in bestimmten Situationen nicht richtig funktionieren. Obwohl das Herz- und Kreislaufsystem keine organischen Mängel haben, kann diese Beeinträchtigung der Herz-Kreislauf-Funktion sehr unterschiedliche Beschwerden auslösen. Funktionelle Herzbeschwerden äußern sich häufig in Herzklopfen, Herzrasen, Herzstolpern und Herzstichen. Funktionelle Kreislaufbeschwerden können Schwindelgefühle, innere Unruhe und Mattigkeit auslösen.

Medikamentöse Maßnahmen

Antihomotoxische Präparate stabilisieren die Herz-Kreislauf-Funktion und bessern so die typischen Beschwerden. Funktionelle Herzbeschwerden wie Herzstiche, Herzstolpern, Herzjagen können mit Cralonin Tropfen und Cardiacum-Heel erfolgreich behandelt werden. Aurumheel N bessert funktionelle Kreislaufstörungen.

Sonstige Maßnahmen

Neben medikamentösen Maßnahmen können bestimmte Entspannungstechniken wie z.B. Yoga und autogenes Training helfen, die funktionellen Herz- und Kreislaufbeschwerden zu bessern.

Anwendungsgebiet	Präparat	Dosierung
Herzstiche (funktionelle)	Cralonin Tropfen	3mal tgl. 10-20 Tr.
Herzenge (funktionelle)	Cardiacum-Heel Tabletten	3mal tgl. 1 Tbl. unter der Zunge zergehen lassen
Herzklopfen/Herzrasen (funktionell)	Cralonin Tropfen	3mal tgl. 10-20 Tr.
Kreislaufstörungen (funktionelle)	Aurumheel N Tropfen	3mal tgl. 10 Tr.

▶ 2.7 Hautfunktionsstörungen

Lebensgewohnheiten wirken sich nicht nur auf das allgemeine Wohlbefinden, sondern auch auf das Aussehen bzw. den Zustand der Haut aus. Neben Nikotin und Alkohol können auch fettreiche, unausgewogene Mahlzeiten und wenig Schlaf den Hautzustand negativ beeinflussen. Funktionsstörungen der Haut wie z.B. Unreinheiten, Akne, manchmal auch Ekzeme, Neigung zu sprödem Haar und brüchigen Nägeln sind häufig die Folge.

Medikamentöse Maßnahmen

Ein Mineralstoffmangel, wie er oft bei sprödem Haar und brüchigen Nägeln vorliegt, kann mit Molybdän compositum ausgeglichen werden.

Bei Ekzemen hilft Abropernol, Apis-Homaccord und Mezereum-Homaccord. Hamamelis-Salbe-Heel S wirkt ausgleichend auf empfindliche und rauhe Haut.

Anwendungsgebiet	Präparat	Dosierung
Mineralstoffmangel	Molybdän compositum Tabletten	1mal tgl. 1 Tbl. unter der Zunge zergehen lassen
Hautausschlag	Abropernol Tabletten	3mal tgl. 1 Tbl. unter der Zunge zergehen lassen
	Apis-Homaccord Tropfen	3mal tgl. 10 Tr.
Empfindliche, rissige Haut	Hamamelis-Salbe-Heel S	morgens und abends auf die betroffenen Stellen auftragen
Juckender Ausschlag	Mezereum-Homaccord Tropfen	3mal tgl. 10 Tr.

► 2.8 Konzentrationsstörungen und Vergeßlichkeit

Viele Menschen leiden an allgemeinen Durchblutungsstörungen, ohne es zu wissen. Je nachdem ob z.B. das Herz, das Gehirn, ein Sinnesorgan oder Gliedmaßen von der Mangeldurchblutung betroffen sind, können sich die Beschwerden vollkommen unterschiedlich äußern. So ist die Ursache für Konzentrationsstörungen und Vergeßlichkeit häufig eine allgemeine Durchblutungsstörung im Bereich des Halses und des Nackens.

Medikamentöse Therapie
Mit den homöopathischen Kombinationspräparaten Selenium-Homaccord und Cocculus-Homaccord können Symptome wie Vergeßlichkeit und Konzentrationsstörungen reduziert werden. Selenium-Homaccord stärkt die Konzentrationsfähigkeit und Cocculus-Homaccord greift bei Symptomen wie Vergeßlichkeit.

Anwendungsgebiet	Präparat	Dosierung
Leistungsschwäche (geistige)	Selenium-Homaccord Tropfen	3mal tgl. 10 Tr.
Erschöpfungszustände nach Überarbeitung	Cocculus-Homaccord Tropfen	3mal tgl. 10 Tr.

► 2.9 Magenbeschwerden

Auf den Magen schlagen vielen Menschen ganz unterschiedliche Dinge des Lebens. Ärger am Arbeitsplatz sowie Streß in der Familie oder im Freundeskreis rufen bei Personen mit einem empfindlichen Magen Beschwerden in der Oberbauchregion hervor.

Solche Belastungen suchen sich als Ventil den empfindlichen, mit Nerven versorgten Magen und verursachen Druck- und Völlegefühl, Blähungen, Sodbrennen und manchmal sogar Magenschmerzen.

Auch eine fettreiche und eiweißhaltige Ernährung, übermäßiger Alkohol- und Nikotingenuß können Magenbeschwerden hervorrufen. Diese Nahrungs- und Genußmittel verursachen eine Übersäuerung des Magens.

Medikamentöse Maßnahmen
Homöopathische Kombinationspräparate wie Gastricumeel helfen bei Sodbrennen und Blähungen. Druck- und Völlegefühl lindert Nux vomica-Homaccord.

Sonstige Maßnahmen
Entspannungsübungen wie z.B. autogenes Training und Yoga bauen Streß ab. Außerdem trägt eine ausgewogene Ernährung dazu bei, daß Magenbeschwerden erst gar nicht auftreten.

Anwendungsgebiet	Präparat	Dosierung
Sodbrennen, Blähungen	Gastricumeel Tabletten	3mal tgl. 1 Tbl.
Funktionsstörungen im Magen-Darm-Bereich	Nux vomica-Homaccord Tropfen	3mal tgl. 10 Tr.

► 2.10 Reiseapotheke

Zu den Vorbereitungen für die schönsten Wochen des Jahres gehört auch die Zusammenstellung einer Reiseapotheke. Denn im Urlaub auftretende Beschwerden/Krankheiten können die Urlaubsfreude erheblich beeinträchtigen.

Ihre Reiseapotheke sollte auf jeden Fall Medikamente gegen Reisekrankheit, Durchfall, Verstopfung, Erbrechen und Übelkeit, Sonnenallergie, Sonnenbrand und Insektenstiche enthalten. Je nach Jahreszeit und Urlaubsziel sind unter Umständen noch weitere Arzneimittel in Ihre Reiseapotheke aufzunehmen.

Medikamente für die Reiseapotheke

Bei Reisekrankheit - besonders bei Kindern - hat sich die Einnahme von Cocculus-Homaccord bewährt.

Schwindelgefühlen wirkt Vertigoheel entgegen.

Durchfall - sofern dieser nicht länger als 2-3 Tage anhält - läßt sich erfolgreich mit Diarrheel S behandeln.

Übelkeit und Erbrechen bessert Vomitusheel.

Bei Sonnenbrand hilft Causticum compositum, die verbrannte Haut zu regenerieren.

Lästige und juckende Insektenstiche können mit Apis-Homaccord behandelt werden.

Anwendungsgebiet	Präparat	Dosierung
Schwindel (während der Reise)	Vertigoheel Tabletten/	3mal tgl. 3 Tbl. unter der Zunge zergehen lassen
	Vertigoheel Tropfen	3mal tgl. 10 Tr.
Reisekrankheit	Cocculus-Homaccord Tropfen	3mal tgl. 10 Tr.
Durchfall	Diarrheel S Tabletten	3mal tgl. 1 Tbl. unter der Zunge zergehen lassen
Erbrechen und Brechreiz	Vomitusheel Tropfen/ Vomitusheel Zäpfchen	3mal tgl. 10 Tr. 3-2mal tgl. 1 Zäpf.
Verbrennungen jeder Art (z.B. Sonnenbrand)	Causticum compositum Tropfen	3mal tgl. 10 Tr.
Hautausschläge nach Insektenstichen	Apis-Homaccord Tropfen	3mal tgl. 10 Tr.

▶ 2.11 Rheuma[6]

Schon die Ärzte der Antike wurden mit Rheuma konfrontiert. Für sie waren im Körper umherfließende Krankheitsstoffe die Ursache. Daher kommt auch der Fachausdruck „Rheumatismus = das Fließen".

Heute ist Rheuma ein Oberbegriff für verschiedenartige Erkrankungen. Betroffen sind vor allem Gelenke, Sehnen, Schleimbeutel, Muskeln und Bindegewebe. Patienten mit unterschiedlichen rheumatischen Krankheitsbildern leiden aber meist unter ähnlichen Beschwerden wie Bewegungseinschränkung und Schmerzen. Etwa 60 % der rheumatischen Erkrankungen fallen auf den sogenannten Weichteilrheumatismus und ca. 35-40 % auf Verschleißerkrankungen (Gelenkverschleiß).

Gelenkverschleiß
Etwa 50 % der erwachsenen Bevölkerung sind vom Gelenkverschleiß (Arthrose) betroffen. Gelenke, die das Körpergewicht tragen, wie z.B. Hüft- und Kniegelenke aber auch die Wirbelsäule sind besonders häufig betroffen. Ursachen von Arthrosen sind: Übergewicht, angeborene Fehlstellungen der Gelenke, gelenkbelastende Tätigkeiten und Sportarten sowie altersbedingte Abnutzung der Gelenkknorpel. Typische Symptome bei Gelenkverschleiß sind morgendliche Steifigkeit der Gelenke, gelenknahe Muskelschmerzen und Bewegungseinschränkung.

Medikamentöse Maßnahmen
Das homöopathische Kombinationspräparat Zeel Tabletten eignet sich hervorragend zur Therapie von Gelenkverschleiß. Bei Gelenkverschleiß, der mit einer Entzündung verbunden ist, bessern Colnadul Tropfen die Beschwerden.
Außerdem sollten Sie Ihren Therapeuten fragen, ob eine Spritzen-Behandlung mit Zeel P Ampullen für Sie in Frage kommt.

[6] *siehe auch Weichteilrheumatismus Seite 30*

Sonstige Maßnahmen
Krankengymnastik und Massagen helfen Beschwerden zu lindern. Um die Gelenke zu entlasten, sollten übergewichtige Patienten ihr Gewicht abbauen. Sportarten wie z. B. Schwimmen aktivieren den Gelenkstoffwechsel bei geringer Belastung.

Anwendungsgebiet	Präparat	Dosierung
Gelenkverschleiß	Zeel Tabletten[7]	3-5mal tgl. 1 Tbl. unter der Zunge zergehen lassen
Gelenkverschleiß mit Entzündungen	Colnadul Tropfen	3mal tgl. 10 Tr.

[7] *Wichtiger Hinweis: Sinnvolle Alternativen zu Heel-Tabletten-Präparaten sind auch vergleichbare Heel-Salben-Präparate, siehe Seite 63*

Weichteilrheumatismus

Weichteilrheumatische Erkrankungen beziehen sich - wie der Name schon sagt - ausschließlich auf die sogenannten Weichteile. Hierzu gehören die Bänder, Sehnen, Sehnenscheiden, Schleimbeutel und Muskeln. Typische weichteilrheumatische Erkrankungen sind Sehnenscheidenentzündungen, Tennisarm, Schulter-Arm-Beschwerden sowie Schleimbeutelentzündungen. Häufigste Ursache dieser Muskelverspannungen ist die Überlastung von Sehnen, Bändern und Muskeln. Einseitige Bewegungsabläufe im Haushalt und Beruf, das Tragen und Heben schwerer Lasten sowie bestimmte Sportarten begünstigen die Entstehung von weichteilrheumatischen Erkrankungen.

Abb. 3
Weichteilrheumatische Erkrankungen, wie z.B. Schulter-Arm-Beschwerden, können die Beweglichkeit erheblich beeinträchtigen

Medikamentöse Maßnahmen

Das homöopathische Kombinationspräparat Traumeel S (Tropfen, Salbe, Tabletten) eignet sich hervorragend zur Therapie von weichteilrheumatischen Erkrankungen. Traumeel S hemmt Entzündungen, wirkt abschwellend sowie schmerzlindernd und regeneriert Sehnen, Bänder, Schleimbeutel und Muskulatur. Außerdem ist Ferrum-Homaccord besonders gut geeignet (zusätzlich) für die Therapie des Tennisellenbogens und bei Schulter-Arm-Beschwerden.

Sonstige Maßnahmen

Weichteilrheumatische Erkrankungen entstehen oft aufgrund von Überlastungen. In diesen Fällen ist zuerst eine Entlastung der betroffenen Bereiche notwendig. Krankengymnastik, Massagen, Kälteanwendungen und Wärmebehandlungen gehören mit zum Behandlungsprogramm.

Anwendungsgebiet	Präparat	Dosierung
Sehnenscheidenentzündung, Tennisarm, Schleimbeutelentzündungen, Schulter-Arm-Beschwerden, Blutergüsse, Schwellungen	Traumeel S Tabletten/ Traumeel S Tropfen/ Traumeel S Salbe	3mal tgl. 1 Tbl. unter der Zunge zergehen lassen/ 3mal tgl. 10 Tr./ Morgens und abends auf die betroffenen Stellen auftragen
Tennisarm, Schulter-Arm-Beschwerden	Ferrum-Homaccord Tropfen	3mal tgl. 10 Tr.
Muskelverspannungen	Arnica-Salbe-Heel S	1-2mal tgl. auf die betroffenen Hautstellen auftragen

► 2.12 Schmerzen

Etwa 6,5 Mio. Bundesbürger leiden unter Schmerzen, die ihre Lebensqualität erheblich beeinträchtigen.

Der Schmerz ist ein sogenannter Schadensmelder des menschlichen Körpers. Er signalisiert, daß etwas nicht in Ordnung ist. Dieses von der Natur sinnvoll eingerichtete Frühwarnsystem schützt den Organismus vor drohenden Schädigungen, indem es den Menschen zur Ruhe zwingt oder z.B. bei rheumatischen Erkrankungen die Beweglichkeit erkrankter Gelenke einschränkt. Generell muß zwischen akuten und chronischen Schmerzen unterschieden werden. Akute Schmerzen (z.B. Zahnschmerzen, Regelschmerzen) klingen häufig rasch wieder ab. Chronische Schmerzen oder periodisch auftretende Schmerzen beeinträchtigen die Lebensqualität des Patienten ganz erheblich. Eine Langzeitbehandlung ist hier oft die einzige Möglichkeit wirksam zu helfen. Generell sollten Sie bei Schmerzen, die länger andauern, einen Therapeuten aufsuchen.

Medikamentöse Maßnahmen
Aufgrund ihrer guten Verträglichkeit und Risikoarmut eignen sich antihomotoxische Präparate besonders gut zur Langzeittherapie z.B. bei chronischen Kopfschmerzen. Hier haben sich Spigelon und Gelsemium-Homaccord besonders gut bewährt. Krampfartige Schmerzen wie z.B. der Monatsschmerz werden durch Spascupreel gebessert. Bei Nervenschmerzen hilft Bryaconeel. Rheumatische Schmerzen bei Wetterfühligkeit lindert Rhododendroneel S.

Anwendungsgebiet	Präparat	Dosierung
Chronische Kopfschmerzen	Spigelon Tabletten/	3mal tgl. 1 Tbl. unter der Zunge zergehen lassen
	Spigelon Tropfen	3mal tgl. 10 Tr.
	Gelsemium-Homaccord Tropfen	3mal tgl 10 Tr.
Krampfartige Schmerzen (nicht organisch bedingt)	Spascupreel Tabletten/	3mal tgl. 1 Tbl. unter der Zunge zergehen lassen
	Spascupreel Zäpfchen	2-3mal tgl. 1 Zäpf.
Nervenschmerzen	Bryaconeel Tabletten	3mal tgl. 1 Tbl. unter der Zunge zergehen lassen
Rheumatische Schmerzen bei Wetterfühligkeit	Rhododendroneel S Tropfen	3mal tgl. 10 Tr.

▶ 2.13 Schwindel

Schwindel ist Ausdruck einer Gleichgewichtsstörung. Viele Patienten verbinden Schwindel mit unterschiedlichen Beschwerden. Sie verstehen unter Schwindel Gefühle wie Karussellfahren, schwankend über ein Bootsdeck laufen oder auch im Lift fahren verbunden mit Schwarzwerden vor den Augen.

Die Ursachen für diese Gleichgewichtsstörungen sind vielfältig und müssen von einem Therapeuten abgeklärt werden. Oft liegt bei älteren Menschen, die unter Schwindel leiden, eine Herz-Kreislaufschwäche vor. Ein hoher Blutdruck kann ebenso wie ein zu niedriger Blutdruck Schwindel auslösen. Genauso können Behinderung der Durchblutung, z.B. Einengung der Halsschlagader oder Verschleiß im Bereich der Hals-Wirbelsäule, Schwindel hervorrufen.

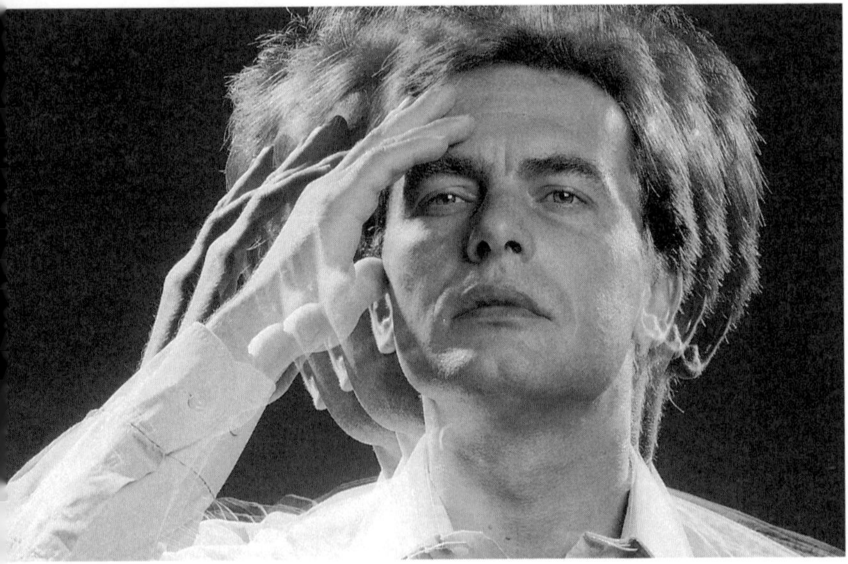

Abb. 4
Die Ursachen von Schwindel sind unterschiedlich und sollten von einem Therapeuten abgeklärt werden

Medikamentöse Maßnahmen

Bei Schwindel unterschiedlicher Ursache hat sich das homöopathische Kombinationspräparat Vertigoheel hervorragend bewährt.

Anwendungsgebiet	Präparat	Dosierung
Schwindel unterschiedlicher Ursache	Vertigoheel Tabletten/	3mal tgl. 3 Tbl. unter der Zunge zergehen lassen/
	Vertigoheel Tropfen	3mal tgl. 15-20 Tr.

▶ 2.14 Sportverletzungen

Sportliche Aktivitäten stehen bei den Bundesbürgern hoch im Kurs und haben in den letzten Jahren stark zugenommen. Die zunehmende Begeisterung für den Freizeitsport ist jedoch auch mit einer steigenden Anzahl von Sportverletzungen verbunden. Die häufigsten Sportverletzungen sind Prellungen (Blutergüsse), Verstauchungen, Verrenkungen und Zerrungen. Die meisten Sportverletzungen werden von entzündlichen Prozessen begleitet. Unter einer Entzündung versteht man in diesem Fall die Reaktion des Gewebes auf äußere Einwirkung. Durch diese Gewebsverletzung kommt es zum Austritt von Flüssigkeit (Blut, Gewebsflüssigkeit) aus den blutversorgenden Gefäßen in das umliegende Gewebe. Es entstehen Schwellungen und Blutergüsse.

Abb. 5
Überlastete Sehnen und Muskeln im Ellenbogenbereich sind verantwortlich für den Tennisarm

Medikamentöse Maßnahmen

Die ersten Minuten entscheiden, wie schnell eine Verletzung abklingt. Kühlen ist die wichtigste Sofortmaßnahme. Legen Sie einfach ein kühles Tuch oder einen Eisbeutel auf die Verletzung. Später kann die Verletzung mit Traumeel S Salbe behandelt werden. Eventuell können Sie bei sehr starken Schwellungen zusätzlich Traumeel S Tropfen bzw. Tabletten einnehmen.

Anwendungsgebiet	Präparat	Dosierung
Prellungen, Verstauchungen, Blutergüsse, Verrenkungen, Zerrungen	Traumeel S Salbe	morgens und abends (bei Bedarf auch öfters) auf die betroffenen Stellen auftragen
Schwellungen	Traumeel S Tropfen/ Traumeel S Tabletten	3mal tgl. 30 Tr./ 3mal tgl. 1 Tbl. unter der Zunge zergehen lassen

▶ 2.15 Streß

Viele Menschen reagieren auf Streß oder auf körperliche und seelische Belastungen mit nervösen Beschwerden wie Herzklopfen, Schlafstörungen, Erschöpfungs- und Schwächezuständen sowie mit allgemeiner Nervosität.

Streß oder innere Anspannung können Fehlregulationen des vegetativen (unwillkürlichen) Nervensystems auslösen. Das vegetative Nervensystem reguliert u.a. den Kreislauf, die Atmung, die Darmtätigkeit und den Stoffwechsel. Es ist also für die Organfunktionen zuständig, die nicht vom menschlichen Willen beeinflußt werden können.

Streß, Angst und Reizüberflutungen stellen das vegetative Nervensystem zeitweise auf eine harte Probe. Nicht immer ist es in der Lage die vielfältigen Einflüsse zu verarbeiten und reagiert dann mit Beschwerden wie Herzklopfen, Schlafstörungen, Nervosität usw..

Abb. 6
Streß verursacht häufig nervöse Beschwerden

Medikamentöse Maßnahmen
Zu beachten ist, daß bei einer medikamentösen Therapie von Streßerscheinungen auch Entspannungsmaßnahmen durchgeführt werden sollten. Ypsiloheel Tabletten können nervös bedingte Beschwerden bessern. Valerianaheel wirkt beruhigend bei Schlafstörungen und Unruhezuständen. Erschöpfungs- und Schwächezustände können mit Aletris-Heel behandelt werden.

Sonstige Maßnahmen
Wenn Sie unter typischen Streßsymptomen leiden, ist es sinnvoll, Entspannungstechniken wie z.B. autogenes Training und Yoga zu erlernen. Eine gesunde Ernährung, der Verzicht auf Kaffee, Nikotin und Alkohol sowie viel Bewegung an der frischen Luft haben ebenfalls einen ausgleichenden Effekt auf das vegetative Nervensystem.

Anwendungsgebiet	Präparat	Dosierung
Vegetative Dystonie (nervöse Störungen, z.B. nervöse Magen-, und Darmbeschwerden, Kreislaufbeschwerden, Herzklopfen, Kloßgefühl im Hals)	Ypsiloheel Tabletten	3mal tgl. 1 Tbl. unter der Zunge zergehen lassen
Unruhezustände	Valerianaheel Tropfen	3mal tgl. 15 Tr.
Erschöpfungs- und Schwächezustände	Aletris-Heel Tabletten	3mal tgl. 1 Tbl. unter der Zunge zergehen lassen

► 2.16 Wunden und Hautverletzungen

Die meisten Verletzungen, z.B. Schürfwunden, wie sie sich Kinder häufig beim Spielen zuziehen, sind relativ harmlos und heilen ohne Komplikationen ab. Auf Impfschutz gegen Tetanus ist allerdings zu achten. Um den Heilungsprozeß zu fördern, kann eine Wund-Heilsalbe auf die betroffenen Stellen aufgetragen werden.

Abb. 7
Kinder verletzen sich oft beim Spielen

Medikamantöse Maßnahmen
Calendula-Salbe-Heel S fördert den Wundheilungsprozeß.

Anwendungsgebiet	Präparat	Dosierung
Wunden (auch schlecht heilende)	Calendula-Salbe-Heel S	1-2mal tgl. auf die betroffenen Hautbezirke auftragen

► 2.17 Zahnfleischentzündungen

Karies sowie Erkrankungen des Zahnfleisches (Parodontose) und des Zahnhalteapparates gehören zu den häufigsten Zivilisationskrankheiten. Erkrankungen dieser Art lassen sich bei Personen aller Altersstufen beobachten. Etwa 80 % aller Erwachsenen über 30 Jahre zeigen bereits Symptome eines krankhaft veränderten Zahnfleisches mit beginnender Parodontose. Zahnfleischentzündungen entstehen meist wegen mangelnder oder nicht sorgfältig durchgeführter Zahnhygiene.

Medikamentöse Maßnahmen
Das homöopathische Kombinationspräparat Traumeel S wirkt entzündungshemmend und unterstützt außerdem die Regeneration des Zahnfleisches.

Sonstige Maßnahmen
Neben der medikamentösen Therapie ist es unbedingt notwendig, mehrmals täglich eine sorgfältige Reinigung der Zähne mit Zahnbürste und Zahnseide durchzuführen. Besprechen Sie mit Ihrem Zahnarzt die richtigen Therapiemaßnahmen.

Anwendungsgebiet	Präparat	Dosierung
Zahnfleischentzündungen	Traumeel S Tropfen/ Traumeel S Tabletten	3mal tgl. 10 Tr./ 3mal tgl. 1 Tbl. unter der Zunge zergehen lassen
	Traumeel S Salbe	morgens und abends auf die betroffenen Stellen auftragen

► 2.18 Zahnungsbeschwerden

Das Zahnen ist eine schmerzhafte Angelegenheit für das Kind. Manchmal sind die Wangen stark gerötet und geschwollen, und die Kinder sind unruhig und weinerlich.

Medikamentöse Maßnahmen
Die Säuglings- und Kinderzäpfchen Viburcol eignen sich zur Behandlung von Unruhezuständen und Weinerlichkeit, wie z.B. bei erschwerter Zahnung.

Anwendungsgebiet	Präparat	Dosierung
Unruhezustände mit und ohne Fieber (z.B. bei erschwerter Zahnung)	Viburcol Zäpfchen	3-2mal tgl. 1 Zäpfchen, bis 6 Monate höchstens 2mal tgl. 1 Zäpfchen

3

Präparate-Informationen

Im folgenden sind die in Kapitel 2 erwähnten Präparate in alphabetischer Reihenfolge aufgeführt. Hierdurch sollen dem Leser zusätzlich wichtige Informationen zu Gegenanzeigen, Nebenwirkungen, Dosierungsanleitungen und Wechselwirkungen an die Hand gegeben werden.

Abropernol® Tabletten

Anwendungsgebiete: Ekzeme (Ausschlag, Hautentzündungen).
Gegenanzeigen: Schwangerschaft; nicht anwenden bei Säuglingen und Kleinkindern und in der Stillzeit.
Nebenwirkungen: Nicht bekannt.
Wechselwirkungen mit anderen Mitteln: Nicht bekannt.
Dosierungsanleitung: Im allgemeinen 3mal täglich 1 Tablette unter der Zunge zergehen lassen.
Darreichungsform und Packungsgrößen: Packungen mit 50 und 250 Tabletten.

Aesculus-Heel Tropfen

Anwendungsgebiete: Venöse Stasen (Stauungen, z.B. in den Beinen)
Dosierungsanleitung: Im allgemeinen 3mal täglich 10 Tropfen.
Darreichungsform und Packungsgrößen: Tropfflaschen mit 30 und 100 ml.

Aletris-Heel® Tabletten

Anwendungsgebiete: Erschöpfungs- und Schwächezustände.
Gegenanzeigen: Chininüberempfindlichkeit.

Nebenwirkungen: Nicht bekannt.
Wechselwirkungen mit anderen Mitteln: Nicht bekannt.
Dosierungsanleitung: Im allgemeinen 3mal täglich 1 Tablette unter der Zunge zergehen lassen.
Darreichungsform und Packungsgrößen: Packungen mit 50 und 250 Tabletten.

Angin-Heel® S Tabletten

Anwendungsgebiet: Angina tonsillaris (Mandelentzündung).
Gegenanzeigen: Nicht bekannt.
Nebenwirkungen: Nach Einnahme kann Speichelfluß auftreten; das Mittel ist dann abzusetzen.
Wechselwirkungen mit anderen Mitteln: Nicht bekannt.
Dosierungsanleitung: Im allgemeinen 3mal täglich 1 Tablette unter der Zunge zergehen lassen. Bei akuten Beschwerden initial alle 15 Minuten 1 Tablette (über einen Zeitraum von bis zu 2 Stunden).
Darreichungsform und Packungsgrößen: Packungen mit 50 und 250 Tabletten.

Apis-Homaccord® Tropfen

Anwendungsgebiete: Pustulöse und bullöse Ekzeme (blasenartiger Ausschlag/Hautentzündung).
Gegenanzeigen: Nicht bekannt.
Nebenwirkungen: Nicht bekannt.
Wechselwirkungen mit anderen Mitteln: Nicht bekannt.
Dosierungsanleitung: Im allgemeinen 3mal täglich 10 Tropfen. Die Langzeitanwendung des Präparates (über mehrere Monate) ist unter Aufsicht eines Therapeuten durchzuführen.
Darreichungsform und Packungsgrößen: Tropfflaschen mit 30 und 100 ml.

Arnica-Salbe-Heel S Salbe

Anwendungsgebiete: Die Anwendungsgebiete entsprechen dem

homöopathischen Arzneimittelbild. Dazu gehören Myalgien (Muskelschmerzen) nach Überlastung.
Gegenanzeigen: Arnikaüberempfindlichkeit. Nicht anwenden bei Überempfindlichkeit gegen Bestandteile der Salbengrundlage.
Nebenwirkungen: In seltenen Fällen können allergische Hautreaktionen auftreten.
Hinweis: Es können sogenannte Erstverschlimmerungen vorkommen, die jedoch ungefährlich sind.
Wechselwirkungen mit anderen Mitteln: Nicht bekannt.
Dosierungsanleitung und Art der Anwendung: Im allgemeinen 1 bis 2mal täglich auf die betroffenen Hautstellen auftragen.
Hinweise: Der Kontakt mit Augen und Schleimhäuten sowie offenen Wunden soll vermieden werden.
Darreichungsform und Packungsgröße: Tube mit 50 g Salbe.

Aurumheel® N Tropfen

Anwendungsgebiete: Vegetativ(nervös)-funktionelle Herz- und Kreislaufstörungen.
Gegenanzeigen: Nicht bekannt.
Nebenwirkungen: Nicht bekannt.
Wechselwirkungen mit anderen Mitteln: Nicht bekannt.
Dosierungsanleitung: Im allgemeinen 3mal täglich 10 Tropfen. Bei akuten Beschwerden initial alle 15 Minuten 10 Tropfen (über einen Zeitraum von bis zu 2 Stunden).
Darreichungsform und Packungsgrößen: Tropfflaschen mit 30 und 100 ml.

Berberis-Homaccord® Tropfen

Anwendungsgebiete: Reiz- und Entzündungszustände im Bereich des Urogenitaltraktes (Harn- und Geschlechtsorgane).
Gegenanzeigen: Nicht bekannt.
Nebenwirkungen: Nicht bekannt.
Wechselwirkungen mit anderen Mitteln: Nicht bekannt.
Dosierungsanleitung: Im allgemeinen 3mal täglich 10 Tropfen. Bei akuten Beschwerden initial alle 15 Minuten 10 Tropfen (über

einen Zeitraum von bis zu 2 Stunden). Die Langzeitanwendung des Präparates (über mehrere Monate) ist unter Aufsicht eines Therapeuten durchzuführen.
Darreichungsform und Packungsgrößen: Tropfflaschen mit 30 und 100 ml.

Bryaconeel® Tabletten

Anwendungsgebiet: Neuralgien (Nervenschmerzen).
Gegenanzeigen: Nicht bekannt.
Nebenwirkungen: Nicht bekannt.
Wechselwirkungen mit anderen Mitteln: Nicht bekannt.
Dosierungsanleitung: Im allgemeinen 3mal täglich 1 Tablette unter der Zunge zergehen lassen. Bei akuten Beschwerden initial alle 15 Minuten 1 Tablette (über einen Zeitraum von bis zu 2 Stunden).
Darreichungsform und Packungsgrößen: Packungen mit 50 und 250 Tabletten.

Calendula-Salbe-Heel S Salbe

Anwendungsgebiete: Wunden, auch mit schlechter Heilungstendenz.
Gegenanzeigen: Nicht bekannt.
Nebenwirkungen: In seltenen Fällen können Überempfindlichkeitsreaktionen gegen das in der Salbe enthaltene Konservierungsmittel auftreten.
Wechselwirkungen mit anderen Mitteln: Nicht bekannt.
Anwendungsweise: Morgens und abends, bei Bedarf auch öfters auf die befallenen Stellen auftragen bzw. einreiben, gegebenenfalls auch Salbenverband.
Darreichungsform und Packungsgröße: Tube mit 50 g Salbe.

Cardiacum-Heel® Tabletten

Anwendungsgebiete: Funktionelle pektanginöse Beschwerden (Herzenge).

Gegenanzeigen: Nicht bekannt.
Nebenwirkungen: Nicht bekannt.
Wechselwirkungen mit anderen Mitteln: Nicht bekannt.
Dosierungsanleitung: Im allgemeinen 3mal täglich 1 Tablette unter der Zunge zergehen lassen. Bei akuten Beschwerden initial alle 15 Minuten 1 Tablette (über einen Zeitraum von bis zu 2 Stunden).
Darreichungsform und Packungsgrößen: Packungen mit 50 und 250 Tabletten.

Causticum compositum Tropfen

Anwendungsgebiet: Als Adjuvans (Unterstützung) bei Verbrennungen jeder Art.
Gegenanzeigen: Nicht bekannt.
Nebenwirkungen: Nicht bekannt.
Wechselwirkungen mit anderen Mitteln: Nicht bekannt.
Dosierungsanleitung: Im allgemeinen 3mal täglich 10 Tropfen. Bei akuten Zuständen initial alle 15 Minuten 10 Tropfen (über einen Zeitraum von bis zu 2 Stunden).
Darreichungsform und Packungsgrößen: Tropfflaschen mit 30 und 100 ml.

Cocculus-Homaccord® Tropfen

Anwendungsgebiete: Kinetosen (Reisekrankheit).
Gegenanzeigen: Nicht bekannt.
Nebenwirkungen: Nicht bekannt.
Wechselwirkungen mit anderen Mitteln: Nicht bekannt.
Dosierungsanleitung: Im allgemeinen 3mal täglich 10 Tropfen. Bei akuten Beschwerden initial alle 15 Minuten 10 Tropfen (über einen Zeitraum von bis zu 2 Stunden). Die Langzeitanwendung des Präparates (über mehrere Monate) ist unter Aufsicht eines Therapeuten durchzuführen.
Darreichungsform und Packungsgrößen: Tropfflaschen mit 30 und 100 ml.

Colnadul® Tropfen

Anwendungsgebiete: Arthritische Zustände (Gelenkentzündungen) und Weichteilrheumatismus, besonders bei Naßwetterverschlimmerung.
Gegenanzeigen: Nicht bekannt.
Nebenwirkungen: Nicht bekannt.
Wechselwirkungen mit anderen Mitteln: Nicht bekannt.
Dosierungsanleitung: Im allgemeinen 3mal täglich 10 Tropfen. Bei akuten Beschwerden initial alle 15 Minuten 10 Tropfen (über einen Zeitraum von bis zu 2 Stunden).
Darreichungsform und Packungsgrößen: Tropfflaschen mit 30 und 100 ml.

Cralonin® Tropfen
Zul.-Nr.: 9054.00.00

Anwendungsgebiete: Die Anwendungsgebiete entsprechen den homöopathischen Arzneimittelbildern. Dazu gehören: nervöse Herzstörungen, Herzstiche.
Gegenanzeigen: Nicht bekannt.
Nebenwirkungen: Nicht bekannt.
Wechselwirkungen mit anderen Mitteln: Nicht bekannt.
Dosierungsanleitung, Art und Dauer der Anwendung: Die Dosierung sollte individuell vorgenommen werden. Zur Langzeitbehandlung 3mal täglich 10-20 Tropfen einnehmen, bei akuten Beschwerden initial alle 15 Minuten 10 Tropfen einnehmen (in dieser Dosierung sollte das Arzneimittel ohne ärztlichen Rat nicht über längere Zeit eingenommen werden).
Darreichungsform und Packungsgrößen: Tropfflaschen mit 30 und 100 ml.

Diarrheel® S Tabletten

Anwendungsgebiete: Akute und chronische Diarrhoe (Durchfall).
Gegenanzeigen: Nicht bekannt.

Nebenwirkungen: Nach Einnahme kann Speichelfluß auftreten; das Mittel ist dann abzusetzen.
Wechselwirkungen mit anderen Mitteln: Nicht bekannt.
Dosierungsanleitung: Im allgemeinen 3mal täglich 1 Tablette unter der Zunge zergehen lassen. Bei akuten Beschwerden initial alle 15 Minuten 1 Tablette (über einen Zeitraum von bis zu 2 Stunden).
Darreichungsform und Packungsgrößen: Packungen mit 50 und 250 Tabletten.

Droperteel® Tabletten

Anwendungsgebiete: Bronchitis verschiedener Genese (Ursache).
Gegenanzeigen: Nicht bekannt.
Nebenwirkungen: Nicht bekannt.
Wechselwirkungen mit anderen Mitteln: Nicht bekannt.
Dosierungsanleitung: Im allgemeinen 3mal täglich 1 Tablette unter der Zunge zergehen lassen. Bei akuten Beschwerden initial alle 15 Minuten 1 Tablette (über einen Zeitraum von bis zu 2 Stunden).
Darreichungsform und Packungsgrößen: Packungen mit 50 und 250 Tabletten.

Engystol® N Injektionslösung

Anwendungsgebiete: Zur Aktivierung der unspezifischen Abwehr, besonders bei Grippe und unklaren fieberhaften Infekten.
Gegenanzeigen: Nicht bekannt.
Nebenwirkungen: Nicht bekannt.
Wechselwirkungen mit anderen Mitteln: Nicht bekannt.

Engystol® Tabletten
Reg.-Nr.: 30466.00.00

Gegenanzeigen: Nicht bekannt.
Nebenwirkungen: Nicht bekannt.

Wechselwirkungen mit anderen Mitteln: Nicht bekannt.
Dosierungsanleitung: Im allgemeinen 1-3mal täglich 1 Tablette einnehmen.
Darreichungsform und Packungsgrößen: Packungen mit 50 und 250 Tabletten.

Euphorbium compositum-Nasentropfen S
Dosierspray ohne Treibgas

Anwendungsgebiet: Rhinitis (Schnupfen).
Gegenanzeigen: Nicht bekannt.
Nebenwirkungen: Nicht bekannt.
Dosierungsanleitung: Im allgemeinen 3-5 mal täglich 1-2 Sprühstöße in jedes Nasenloch sprühen, bei Kindern unter 6 Jahren 3-4 mal täglich 1 Sprühstoß. Das Präparat kann unbedenklich auch bei Säuglingen angewendet werden.
Darreichungsform und Packungsgrößen: Dosierspray mit 20 ml.

Ferrum-Homaccord® Tropfen

Anwendungsgebiete: Schulter-Arm-Syndrom (Beschwerden); Epicondylitis (Tennisarm).
Gegenanzeigen: Nicht bekannt.
Nebenwirkungen: Nicht bekannt.
Wechselwirkungen mit anderen Mitteln: Nicht bekannt.
Dosierungsanleitung: Im allgemeinen 3mal täglich 10 Tropfen. Bei akuten Beschwerden initial alle 15 Minuten 10 Tropfen (über einen Zeitraum von bis zu 2 Stunden). Die Langzeitanwendung des Präparates (über mehrere Monate) ist unter Aufsicht eines Therapeuten durchzuführen.
Darreichungsform und Packungsgrößen: Tropfflaschen mit 30 und 100 ml.

Galium-Heel® Tropfen

Anwendungsgebiete: Zur Aktivierung der unspezifischen Abwehr, besonders bei chronischen Erkrankungen.
Gegenanzeigen: Nicht bekannt.
Nebenwirkungen: Nicht bekannt.
Wechselwirkungen mit anderen Mitteln: Nicht bekannt.
Dosierungsanleitung: Im allgemeinen 3mal täglich 10 Tropfen.
Darreichungsform und Packungsgrößen: Tropfflaschen mit 30 und 100 ml.

Gastricumeel® Tabletten

Anwendungsgebiete: Sodbrennen, Meteorismus (Blähungen)
Gegenanzeigen: Nicht bekannt.
Nebenwirkungen: Nicht bekannt.
Wechselwirkungen mit anderen Mitteln: Nicht bekannt.
Dosierungsanleitung: Im allgemeinen 3mal täglich 1 Tablette unter der Zunge zergehen lassen. Bei akuten Beschwerden initial alle 10-15 Minuten 1 Tablette (über einen Zeitraum von bis zu 2 Stunden).
Darreichungsform und Packungsgrößen: Packungen mit 50 und 250 Tabletten.

Gelsemium-Homaccord® Tropfen

Anwendungsgebiet: Migraine cervicale (halbseitige, anfallsartige Kopfschmerzen bedingt durch entzündlich degenerative Veränderungen der Halswirbelsäule).
Gegenanzeigen: Überempfindlichkeit gegen Giftsumachgewächse.
Nebenwirkungen: Nicht bekannt.
Wechselwirkungen mit anderen Mitteln: Nicht bekannt.
Dosierungsanleitung: Im allgemeinen 3mal täglich 10 Tropfen. Bei akuten Beschwerden initial alle 15 Minuten 10 Tropfen (über einen Zeitraum von bis zu 2 Stunden). Die Langzeitanwendung des Präparates (über mehrere Monate) ist unter Aufsicht eines Therapeuten durchzuführen.

Darreichungsform und Packungsgrößen: Tropfflaschen mit 30 und 100 ml.

Gripp-Heel® Tabletten

Anwendungsgebiete: Grippe und grippale Infekte und zur Steigerung der körpereigenen Abwehr bei sonstigen fieberhaften Infektionskrankheiten.
Gegenanzeigen: Nicht bekannt.
Nebenwirkungen: Nicht bekannt.
Wechselwirkungen mit anderen Mitteln: Nicht bekannt.
Dosierungsanleitung: Im allgemeinen 3-5 mal täglich 1 Tablette unter der Zunge zergehen lassen. Bei akuten Beschwerden alle 15 Minuten 1 Tablette (über einen Zeitraum von bis zu 2 Stunden).
Darreichungsform und Packungsgrößen: Packungen mit 50 und 250 Tabletten.

Hamamelis-Salbe-Heel S Salbe

Anwendungsgebiete: Die Anwendungsgebiete entsprechen den homöopathischen Arzneimittelbildern. Dazu gehören Haut- und Schleimhautblutungen.
Gegenanzeigen: Nicht anwenden bei Überempfindlichkeit gegen Bestandteile der Salbengrundlage.
Nebenwirkungen: Nicht bekannt.
Hinweis: Es können sogenannte Erstverschlimmerungen vorkommen, die jedoch unbedenklich sind.
Wechselwirkung mit anderen Mitteln: Nicht bekannt.
Anwendungsweise: Im allgemeinen 1-2mal täglich auf die betroffenen Hautbezirke auftragen.
Darreichungsform und Packungsgröße: Tube mit 50 g Salbe.

Husteel® Tropfen

Anwendungsgebiet: Husten, z.B. bei Erkältungskrankheiten.
Gegenanzeigen: Bei Schilddrüsenerkrankungen nicht ohne ärztlichen Rat anwenden.

Nebenwirkungen: Nicht bekannt.
Wechselwirkungen mit anderen Mitteln: Nicht bekannt.
Dosierungsanleitung: Im allgemeinen 3mal täglich 10 Tropfen. Bei Hustenanfällen mehrmals alle 15 Minuten 10 Tropfen (über einen Zeitraum von bis zu 2 Stunden).
Darreichungsform und Packungsgrößen: Tropfflaschen mit 30 und 100 ml.

Luffa comp.-Heel® Nasentropfen
Tropfen zum Einsprühen in die Nase
Reg.-Nr.: 29855.00.00

Gegenanzeigen: Patienten mit Überempfindlichkeit gegen Benzalkoniumchlorid sollten auf die Anwendung von Luffa comp.-Heel Nasentropfen verzichten.
Nebenwirkungen: Nicht bekannt.
Wechselwirkungen mit anderen Mitteln: Nicht bekannt.
Dosierungsanleitung und Art der Anwendung: Im allgemeinen 3-5mal täglich 1-2 Sprühstöße (1 Sprühstoß entspricht 3,35 Tropfen bzw. 0,1 ml) in jedes Nasenloch einsprühen, bei Kindern unter 6 Jahren 3-4mal täglich 1 Sprühstoß.
Darreichungsform und Packungsgröße: Sprühflasche mit 20 ml.

Luffa compositum Heel Tabletten
Reg.-Nr.: 30887.00.00

Gegenanzeigen: Bei Schilddrüsenerkrankungen nicht ohne ärztlichen Rat anwenden.
Nebenwirkungen: Nicht bekannt.
Wechselwirkungen mit anderen Mitteln: Nicht bekannt.
Dosierungsanleitung und Art der Anwendung: Im allgemeinen 3mal täglich 1 Tablette einnehmen. Bei akuten Beschwerden alle 15 Minuten 1 Tablette einnehmen (über einen Zeitraum von bis zu 2 Stunden).
Säuglinge bis zum 1. Lebensjahr erhalten nicht mehr als ein Drittel der Erwachsenendosis. Kleinkinder bis zum 6. Lebensjahr

erhalten nicht mehr als die Hälfte, Kinder zwischen dem 6. und 12. Lebensjahr erhalten nicht mehr als zwei Drittel der Erwachsenendosis.
Darreichungsform und Packungsgrößen: Packungen mit 50 und 250 Tabletten.

Lymphomyosot® Tropfen

Anwendungsgebiete: Neigung zur Ödembildung (Wasseransammlung z.B. in den Beinen), Infektanfälligkeit.
Gegenanzeigen: Bei Schilddrüsenerkrankungen nicht ohne ärztlichen Rat anwenden.
Nebenwirkungen: Nicht bekannt.
Wechselwirkungen mit anderen Mitteln: Nicht bekannt.
Dosierungsanleitung: Im allgemeinen 3mal täglich 15-20 Tropfen.
Darreichungsform und Packungsgrößen: Tropfflaschen mit 30 und 100 ml.

Lymphomyosot® Tabletten
Reg.-Nr.: 30479.00.00

Gegenanzeigen: Bei Schilddrüsenerkrankungen nicht ohne ärztlichen Rat anwenden.
Nebenwirkungen: Nicht bekannt.
Wechselwirkungen mit anderen Mitteln: Nicht bekannt.
Dosierungsanleitung und Art der Anwendung: Im allgemeinen 3mal täglich 3 Tabletten einnehmen.
Darreichungsform und Packungsgrößen: Packungen mit 100 und 250 Tabletten.

Mezereum-Homaccord® Tropfen

Anwendungsgebiete: Vesikulöse Ekzeme (bläschenförmiger Ausschlag/Hautentzündung); Pruritus (Juckreiz).
Gegenanzeigen: Nicht bekannt.

Nebenwirkungen: Nicht bekannt.
Wechselwirkungen mit anderen Mitteln: Nicht bekannt.
Dosierungsanleitung: Im allgemeinen 3mal täglich 10 Tropfen. Bei akuten Beschwerden initial alle 15 Minuten 10 Tropfen (über einen Zeitraum von bis zu 2 Stunden). Die Langzeitanwendung des Präparates (über mehrere Monate) ist unter Aufsicht eines Therapeuten durchzuführen.
Darreichungsform und Packungsgrößen: Tropfflaschen mit 30 und 100 ml.

Molybdän compositum Tabletten

Anwendungsgebiete: Regulierung des Mineral-Gleichgewichts.
Gegenanzeigen: Nicht bekannt.
Nebenwirkungen: Nicht bekannt.
Wechselwirkungen mit anderen Mitteln: Nicht bekannt.
Dosierungsanleitung: Im allgemeinen initial täglich, nachfolgend alle 2 Tage 1 Tablette unter der Zunge zergehen lassen.
Darreichungsform und Packungsgrößen: Packungen mit 50 und 250 Tabletten.

Nux vomica-Homaccord® Tropfen

Anwendungsgebiete: Funktionsstörungen im Magen-Darm-Leber-Bereich; Meteorismus (Blähungen), Beschwerden nach Nikotin-, Alkohol- und Kaffeegenuß.
Gegenanzeigen: Nicht bekannt.
Nebenwirkungen: Nicht bekannt.
Wechselwirkungen mit anderen Mitteln: Nicht bekannt.
Dosierungsanleitung: Im allgemeinen 3mal täglich 10 Tropfen. Bei akuten Beschwerden initial alle 15 Minuten 10 Tropfen (über einen Zeitraum von bis zu 2 Stunden). Die Langzeitanwendung des Präparates (über mehrere Monate) ist unter Aufsicht eines Therapeuten durchzuführen.
Darreichungsform und Packungsgrößen: Tropfflaschen mit 30 und 100 ml.

Phosphor-Homaccord® Tropfen

Anwendungsgebiete: Heiserkeit; Pharyngitis (Rachenentzündung)
Gegenanzeigen: Nicht bekannt.
Nebenwirkungen: Nicht bekannt.
Wechselwirkungen mit anderen Mitteln: Nicht bekannt.
Dosierungsanleitung: Im allgemeinen 3mal täglich 10 Tropfen. Bei akuten Beschwerden initial alle 15 Minuten 10 Tropfen (über einen Zeitraum von bis zu 2 Stunden). Die Langzeitanwendung des Präparates (über mehrere Monate) ist unter Aufsicht eines Therapeuten durchzuführen.
Darreichungsform und Packungsgrößen: Tropfflaschen mit 30 und 100 ml.

Plantago-Homaccord® Tropfen

Anwendungsgebiet: Reizblase.
Gegenanzeigen: Nicht bekannt.
Nebenwirkungen: Nicht bekannt.
Wechselwirkungen mit anderen Mitteln: Nicht bekannt.
Dosierungsanleitung: Im allgemeinen 3mal täglich 10 Tropfen. Bei akuten Beschwerden initial alle 15 Minuten 10 Tropfen (über einen Zeitraum von bis zu 2 Stunden). Die Langzeitanwendung des Präparates (über mehrere Monate) ist unter Aufsicht eines Therapeuten durchzuführen.
Darreichungsform und Packungsgrößen: Tropfflaschen mit 30 und 100 ml.

Rhododendroneel® S Tropfen

Anwendungsgebiete: Neuralgien (Nervenschmerzen), Weichteilrheumatismus und (peri)arthritische Beschwerden (Beschwerden bei Gelenkentzündungen), besonders bei wetterbedingter Verschlimmerung.
Gegenanzeigen: Nicht bekannt.
Nebenwirkungen: Nicht bekannt.

Wechselwirkungen mit anderen Mitteln: Nicht bekannt.
Dosierungsanleitung: Im allgemeinen 3mal täglich 10 Tropfen. Bei akuten Beschwerden initial alle 15 Minuten 10 Tropfen (über einen Zeitraum von bis zu 2 Stunden).
Darreichungsform und Packungsgrößen: Tropfflaschen mit 30 und 100 ml.

Selenium-Homaccord® Tropfen

Anwendungsgebiet: Leistungsschwäche.
Gegenanzeigen: Nicht bekannt.
Nebenwirkungen: Nicht bekannt.
Wechselwirkungen mit anderen Mitteln: Nicht bekannt.
Dosierungsanleitung: Im allgemeinen 3mal täglich 10 Tropfen. Die Langzeitanwendung des Präparates (über mehrere Monate) ist unter Aufsicht eines Therapeuten durchzuführen.
Darreichungsform und Packungsgrößen: Tropfflaschen mit 30 und 100 ml.

Spascupreel® Tabletten
Spascupreel® S Suppositorien (Zäpfchen)

Anwendungsgebiete: Spasmen (Krämpfe) glattmuskulärer Hohlorgane (Magen, Darm, Gallenblase, Gebärmutter, ableitende Harnwege).
Gegenanzeigen: Nicht bekannt.
Nebenwirkungen: Nicht bekannt.
Wechselwirkungen mit anderen Mitteln: Nicht bekannt.
Dosierungsanleitung: *Spascupreel Tabletten:* Im allgemeinen 3mal täglich 1 Tablette unter der Zunge zergehen lassen. Bei akuten Beschwerden mehrmals alle 15 Minuten 1 Tablette (über einen Zeitraum von bis zu 2 Stunden).
Spascupreel S Suppositorien: 2-3mal täglich 1 Zäpfchen, bei akuten Schmerzzuständen stündlich 1 Zäpfchen in den After einführen. Bei Säuglingen bis 1/2 Jahr jeweils 1/2 Zäpfchen.
Darreichungsformen und Packungsgrößen:
Tabletten: Packungen mit 50 und 250 Tabletten.
Suppositorien: Packungen 12, 60 und 120 Zäpfchen zu 2,0 g.

Spigelon® Tabletten · Tropfen

Anwendungsgebiete: Konstitutionelle (die Gesamtverfassung des Menschen betreffende) Kopfschmerzen.
Gegenanzeigen: Nicht bekannt.
Nebenwirkungen: Nicht bekannt.
Wechselwirkungen mit anderen Mitteln: Nicht bekannt.
Dosierungsanleitung: *Tabletten:* Im allgemeinen 3mal täglich 1 Tablette unter der Zunge zergehen lassen. Bei akuten Beschwerden mehrmals alle 15 Minuten 1 Tablette (über einen Zeitraum von bis zu 2 Stunden).
Tropfen: Im allgemeinen 3mal täglich 10 Tropfen. Bei akuten Beschwerden mehrmals alle 15 Minuten 10 Tropfen (über einen Zeitraum von bis zu 2 Stunden).
Darreichungsformen und Packungsgrößen:
Tabletten: Packungen mit 50 und 250 Tabletten.
Tropfen: Tropfflaschen mit 30 und 100 ml.

Traumeel® S Tropfen · Tabletten · Salbe

Anwendungsgebiete: *Tropfen, Tabletten:* Verletzungen wie Verstauchungen und Verrenkungen, Prellungen, Blut- und Gelenkergüsse und Weichteilschwellungen. Entzündliche und mit Entzündungen verbundene degenerative (verschleißartige) Prozesse an den verschiedenen Organen und Geweben, besonders auch am Stütz- und Bewegungsapparat (Sehnenscheidenentzündung, Entzündung des Griffelfortsatzes der Elle bzw. Speiche, Tennisarm, Schleimbeutelentzündung, Schulter-Arm-Beschwerden)
Salbe: Verletzungen jeder Art (Sport, Unfall) wie Verstauchungen, Verrenkungen, Prellungen, Blut- und Gelenkergüsse, entzündliche und mit Entzündungen verbundene degenerative Prozesse an den verschiedensten Organen und Geweben [z. B. Parodontitiden (entzündliche Erkrankungen des Zahnhalteapparates), Zahnfleischtascheneiterungen, Parodontosen (Erkrankungen des Zahnhalteapparates)], auch am Stütz- und Bewegungsapparat (Sehnenscheiden-, Schleimbeutelentzündungen, Tennisarm).

Gegenanzeigen: Salbe: Arnikaüberempfindlichkeit.
Nebenwirkungen: Nach Anwendung kann Speichelfluß auftreten; das Mittel ist dann abzusetzen. Bei Anwendung von Traumeel S-Salbe können in seltenen Fällen allergische Hautreaktionen auftreten.
Wechselwirkungen mit anderen Mitteln: Nicht bekannt.
Dosierungsanleitung: *Tropfen:* Im allgemeinen 3mal täglich 10 Tropfen. Bei Weichteilschwellungen 3mal täglich 30 Tropfen.
Tabletten: Im allgemeinen 3mal täglich 1 Tablette unter der Zunge zergehen lassen.
Salbe: Morgens und abends, bei Bedarf auch öfters, auf die betroffenen Stellen (auch auf Schürfwunden) auftragen, ggf. auch Salbenverband.
Hinweis: Eine großflächige Anwendung von Traumeel S-Salbe ist zu vermeiden.
Darreichungsformen und Packungsgrößen: Tropfen: Tropfflaschen mit 30 und 100 ml. Tabletten: Packungen mit 50 und 250 Tabletten. Salbe: Tuben mit 50 und 100 g Salbe.

Valerianaheel® Tropfen

Anwendungsgebiet: Sedativum (Beruhigungsmittel) bei Unruhezuständen.
Besonderer Hinweis: Beruhigt ohne Beeinträchtigung der Verkehrssicherheit usw.
Gegenanzeigen: Nicht bekannt.
Nebenwirkungen: Nicht bekannt.
Wechselwirkungen mit anderen Mitteln: Nicht bekannt.
Dosierungsanleitung: Im allgemeinen 3mal täglich 15 Tropfen; abends 20 Tropfen. Einzelgabe bei Säuglingen und Kleinkindern 3 Tropfen, im Alter von 2-6 Jahren 5 Tropfen, von 6-12 Jahren 10 Tropfen.
Darreichungsform und Packungsgrößen: Tropfflaschen mit 30 und 100 ml.

Vertigoheel® Tabletten Zul.-Nr.: 13442.00.00 · Tropfen

Anwendungsgebiete: *Tabletten:* Die Anwendungsgebiete entsprechen den homöopathischen Arzneimittelbildern. Dazu gehören: Verschiedene Schwindelzustände.
Tropfen: Schwindel verschiedener Ursache (aufgrund allgemeiner Durchblutungsstörungen).
Gegenanzeigen: Nicht bekannt.
Nebenwirkungen: Nicht bekannt.
Hinweis: Es können sogenannte Erstverschlimmerungen vorkommen, die jedoch unbedenklich sind.
Wechselwirkungen mit anderen Mitteln: Nicht bekannt.
Besonderer Hinweis: Vertigoheel wirkt nicht sedierend (beruhigend) und beeinträchtigt daher auch nicht die Verkehrssicherheit oder die Aufmerksamkeit beim Umgang mit Maschinen. Vertigoheel hat auch keine Unverträglichkeit mit Alkohol.
Dosierungsanleitung und Art der Anwendung: Tabletten, Tropfen: Im allgemeinen 3mal täglich 3 Tabletten unter der Zunge zergehen lassen bzw. 15-20 Tropfen, bei anfallsweisem Schwindel anfangs alle 15 Minuten 1 Tablette bzw. 10 Tropfen.
Darreichungsformen und Packungsgrößen: *Tabletten:* Packungen mit 100 und 250 Tabletten.
Tropfen: Tropfflaschen mit 30 und 100 ml.

Viburcol® Suppositorien (Zäpfchen)

Anwendungsgebiete: Säuglings- und Kinderzäpfchen bei Unruhezuständen mit und ohne Fieber. Symptomatische Behandlung banaler Infekte.
Gegenanzeigen: Nicht bekannt.
Nebenwirkungen: Nicht bekannt.
Wechselwirkungen mit anderen Mitteln: Nicht bekannt.
Dosierungsanleitung: Bei akuten Beschwerden mehrere Male jeweils 1 Zäpfchen; nach Besserung 3-2mal täglich 1 Zäpfchen in den After einführen. Bei Säuglingen (vom 1. Lebenstag an) bis 6 Monate höchstens 2mal täglich 1 Zäpfchen.
Darreichungsform und Packungsgrößen: Packungen mit 12, 60 und 120 Zäpfchen zu 1,1 g.

Vomitusheel® Tropfen
Vomitusheel® **S** Suppositorien (Zäpfchen)

Anwendungsgebiete: Erbrechen und Brechreiz verschiedener Genese (Ursache).
Gegenanzeigen: Nicht bekannt.
Nebenwirkungen: Nicht bekannt.
Wechselwirkungen mit anderen Mitteln: Nicht bekannt.
Dosierungsanleitung:
Vomitusheel Tropfen: Im allgemeinen 3mal täglich 10 Tropfen. Bei akuten Zuständen initial alle 15 Minuten 10 Tropfen (über einen Zeitraum von bis zu 2 Stunden).
Vomitusheel S Suppositorien (Zäpfchen): Bei akuten Beschwerden stündlich 1 Zäpfchen; nach Besserung der Beschwerden nur noch 3(-2)mal täglich 1 Zäpfchen. Bei Säuglingen bis 1/2 Jahr 2mal täglich 1 Zäpfchen.
Darreichungsformen und Packungsgrößen:
Vomitusheel Tropfen: Tropfflaschen mit 30 und 100 ml.
Vomitusheel S Suppositorien (Zäpfchen): Packungen mit 12, 60 und 120 Zäpfchen zu 2,0 g.

Ypsiloheel® Tabletten

Anwendungsgebiete: Vegetative Dystonie (nervöse Störungen), Globus hystericus (Kloßgefühl im Hals).
Gegenanzeigen: Nicht bekannt.
Nebenwirkungen: Nicht bekannt.
Wechselwirkungen mit anderen Mitteln: Nicht bekannt.
Dosierungsanleitung: Im allgemeinen 3mal täglich 1 Tablette unter der Zunge zergehen lassen.
Darreichungsform und Packungsgrößen: Packungen mit 50 und 250 Tabletten.

Zeel® Tabletten

Anwendungsgebiet: Arthrosis (Gelenkverschleiß).
Gegenanzeigen: Überempfindlichkeit gegen Giftsumachgewächse.

Nebenwirkungen: Nicht bekannt.
Wechselwirkungen mit anderen Mitteln: Nicht bekannt.
Dosierungsanleitung: Im allgemeinen 3-5mal täglich 1 Tablette unter der Zunge zergehen lassen.
Darreichungsform und Packungsgrößen: Packungen mit 50 und 250 Tabletten.

Zeel® P Injektionslösung

Anwendungsgebiet: Arthrosis (Gelenkverschleiß)
Gegenanzeigen: Überempfindlichkeit gegen Giftsumachgewächse und Korbblütler.
Nebenwirkungen: In seltenen Fällen kann es nach intraartikulärer (ins Gelenk hinein) Applikation von Zeel P zu vorübergehenden schmerzhaften Reizzuständen des Gelenkes evtl. mit steriler Ergußbildung kommen; eine entzündungshemmende Behandlung führt zum Abklingen der Beschwerden. In seltenen Fällen kann es bei Überempfindlichkeit gegen Korbblütler und Giftsumachgewächse zu anaphylaktischen (schockartige allergische) Reaktionen nach Applikation (Verabreichung) der Injektionslösung kommen.
Wechselwirkungen mit anderen Mitteln: Nicht bekannt.

Zeel® T Salbe
Reg.-Nr.: 19247.00.01

Gegenanzeigen: Arnikaüberempfindlichkeit. Nicht anwenden bei Überempfindlichkeit gegen Giftsumachgewächse und Bestandteile der Salbengrundlage.
Nebenwirkungen: In seltenen Fällen können allergische Hautreaktionen auftreten.
Wechselwirkungen mit anderen Mitteln: Nicht bekannt.
Dosierungsanleitung und Art der Anwendung: Im allgemeinen Zeel T Salbe morgens und abends auf die betroffenen Stellen auftragen, z. B. im Bereich des Kniegelenkes einen 4-5 cm langen Salbenstrang einmassieren.
Darreichungsform und Packungsgrößen: Tuben mit 50 und 100 g Salbe.